JEREMY RIFKIN: RESÚMENES SELECCIONADOS

MAURICIO FAU

DEDICATORIA

A mis hijos Elías, Selva, Greta, Ciro y Yaco.

A mi hija de la vida Emma.

A mi esposa Cecilia.

INTRODUCCIÓN

Nos proponemos hacer un recorrido por algunos textos seleccionados del economista estadounidense Jeremy Rifkin.

Analizaremos algunos de los textos clave de este autor, a saber:

- EL FIN DEL TRABAJO, capítulos 1 y 4 al 10
- LA ERA DEL ACCESO, capítulos 7 y 9

EL FIN DEL TRABAJO

CAPÍTULO 1   EL FIN DEL TRABAJO

En la actualidad, según Rifkin, por primera vez el trabajo humano esta siendo paulatinamente eliminado del proceso de producción. Una nueva generación de sofisticadas tecnologías de las comunicaciones y de la información llegan a los puestos de trabajo, las maquinas inteligentes están sustituyendo a los seres humanos en todo tipo de tareas.

Sólo algunos empleos se crean en el contexto de la economía estadounidense; estos corresponden a los sectores peor pagados y sobre la base de contratación temporal. Y esto no es un fenómeno solo de EE.UU., sino mundial.

LOS ÍNDICES DE DESEMPLEO Y SUBEMPLEO CRECEN A MEDIDA QUE LAS MULTINACIONALES (MNC) CONSTRUYEN Y PONEN EN MARCHA MÉTODOS PRODUCTIVOS BASADOS EN LAS ULTIMAS TECNOLOGÍAS PROVOCANDO QUE MILLONES DE TRABAJADORES NO PUEDAN COMPETIR CON EL RENDIMIENTO Y LA RAPIDEZ DE LOS SISTEMAS DE PRODUCCIÓN AUTOMATIZADOS

Sustitución de software por empleados

Debido a la gran competencia mundial las MNC parecen decididas a acelerar el CAMBIO DE LOS TRABAJADORES POR MAQUINAS.

LAS EMPRESAS PREFIEREN LAS INVERSIONES EN CAPITAL ANTES QUE EN PERSONAL; y aunque en un principio las maquinas no rindieron como se esperaba, ahora estas inversiones en robots y automatización ha empezado a ser rentable, gracias a los incrementos de la productividad, reducción de los costes laborales y del crecimiento de la eficiencia de la tecnología.

Reingeniería

LA REINGENIERÍA HACE REFERENCIA AL PROCESO DE REESTRUCTURACIÓN DE LAS EMPRESAS QUE TIENDE A ADAPTARSE AL USO DE LOS ORDENADORES, Y ASÍ SIMPLIFICAR LOS PROCESOS DE PRODUCCIÓN, DISTRIBUCIÓN Y PERFECCIONAMIENTO DE LOS PROCESOS ADMINISTRATIVOS

Gracias a este proceso la productividad se incrementó, como también el número de personas desempleadas. El rápido camino hacia la automatización conduce vertiginosamente a la economía global a un FUTURO INDUSTRIAL SIN

TRABAJADORES, DONDE CADA VEZ SON MENOS LOS TRABAJADORES DE "CUELLO AZUL" O INDUSTRIALES. Y a pesar de que crecen los trabajadores de "cuello blanco" o administrativos, también se espera que estos sean reemplazados por sistemas automatizados en el sector de servicios.

La ola de recortes laborales toma relevancia política porque economistas y políticos deben modificar constantemente, desde el fin de la Segunda Guerra Mundial (SGM), cual es el "índice normal o saludable" de desempleo en una economía. La introducción de tecnologías más sofisticadas, con sus ganancias implícitas, supone que la economía global puede producir mayor cantidad de bienes y servicios empleando un menor número de trabajadores.

Un mundo sin trabajadores

Cuando en los '60 los lideres sindicales criticaron la tendencia de reemplazar trabajadores por maquinas, no fueron tomados en cuenta por los lideres empresarios. Actualmente, un número creciente de empresarios empezaron a preocuparse por el problema. La sociedad misma discute su inserción en el marcado laboral moderno, haciendo análisis antes reservados a los científicos.

La revolución generada por las nuevas tecnologías ofrece una profunda transformación social. Para que esta transformación no sea injusta y provoque disturbios sociales ES NECESARIO UNA REDUCCIÓN A NIVEL MUNDIAL EN LAS HORAS DE TRABAJO SEMANALES y un esfuerzo conjunto de todos para generar empleos en un tercer sector: LA ECONOMÍA SOCIAL, donde el mercado ya no es útil.

CAPÍTULO 4   CRUZANDO LA FRONTERA DE LA ALTA TECNOLOGÍA

Actualmente se vive la transición a la sociedad de la información, nuevo paradigma económico.

Desde fines de la Edad Media se sentaron las bases de un progresivo desarrollo tecnológico que tuvieron al poder de la máquina como protagonista. La Primera Revolución industrial en Inglaterra provocó cambios muy profundos que se trasladaron al resto del mundo. La máquina a vapor se empleó para abrir nuevas fábricas (textiles, metales, etc) así como rutas comerciales (transporte). La Segunda Revolución en 1860 tuvo nuevos ingredientes: petroquímica, electricidad, trasladando cada vez más las actividades del hombre de la ciudad al campo.

La Tercera Revolución Industrial apareció después de la Segunda Guerra Mundial y aún tiene un fuerte impacto gracias a los ordenadores, robots, microchips, y software en general. Todo esto impacto en la producción y distribución, acelerando los procesos y creando nuevas alternativas y respuestas: marketing por ejemplo.

Máquinas que piensan

A pesar de lo polémico que parezca los ordenadores cada vez más asumen tareas complejas que requieren mucha precisión, imitando prácticamente funciones del cerebro humano (reconocer conversaciones, gestos, observar y determinar comportamientos, etc).

Las especies conectadas

El sueño de máquinas imitadoras es antiguo: Herón de Alejandría y más cerca en la misma Revolución Industrial, cuando se crearon "robots" que imitaban ruidos o movimientos. Con Leibniz y Babbage las primitivas máquinas se transformaron en los primeros ordenadores. Babbage introdujo las primeras tarjetas perforadas e incluso una impresora, mucho antes que la máquina de escribir existiera. En 1890 se mejoraron las capacidades para relevar censos gracias a una máquina electromecánica de codificación de información.

En 1941 nace el primer ordenador digital programable (el alemán Zuse) y en Inglaterra nace el Ultra Team que decodificó el código alemán durante la guerra. En 1944 en EE.UU.

nació el ordenador programable Mark I apodada "el monstruo" por su tamaño (doce metros) y consumo de energía (18000 válvulas).

Como se ve en estos ejemplos los primeros ordenadores eran voluminosos, complejos, costosos e incómodos, sin embargo las generaciones se sucedieron (la segunda en los ´40 y la tercera en los ´50) hasta alcanzar la cuarta generación en la década del ´70, conteniendo microchips que agilizaban los procesos considerablemente.

Puesta en marcha de los ordenadores

Desde 1947 se empezó a usar la palabra automatización, pronto las innovaciones superaron a las anteriores y se empezó a hablar de reemplazar a la mano de obra como futuro próximo.

La preocupación se extendió entre los trabajadores y gerentes de empresas ante los despidos y su reemplazo por máquinas. Por ejemplo, los ordenadores de control numérico (N/Q) podían hacer distintas funciones con gran precisión. Esta máquina – herramienta aumenta la eficiencia y la productividad, disminuyendo los tiempos de producción y el número de empleados. Ya no hacía falta la supervisión directa o la intervención en el lugar de la producción.

Estas innovaciones no tardaron en hacerse sentir en la población, en especial la negra, ya que tenían trabajos de baja especialización fácilmente reemplazables por la automatización.

CAPÍTULO 5 LA TECNOLOGÍA Y LA EXPERIENCIA AFROAMERICANA

Después de la guerra de secesión en EE.UU. la población negra obtuvo lentos pero sucesivos avances político-económicos, pero para ello vivieron durante mucho tiempo subordinados a los blancos. Tierras expropiadas, precios bajos para sus productos, créditos con intereses exorbitantes, no eran más que los efectos de la segregación y los prejuicios que vivían las poblaciones negras del Sur. En el norte había trabajo en las industrias pero la incertidumbre y los riesgos eran elevados y por ende desincentivaba la emigración.

En 1944 se introdujo la máquina recolectora de algodón llevando tensión al Sur ya que las leyes de segregación se mantenían, a lo que se sumaba el futuro desempleo (en 1968 el 78% del algodón era cosechado por la recolectora). También se mejoraron los métodos de eliminación de pastizales y por último algunas tierras se reconvirtieron hacia la producción maderera y de forrajes.

El proceso de la mecanización en el Sur desplazo a más de 5 millones de personas hacia el Norte en busca de trabajo (entre 1940-1970).

Atrapados en las tecnologías

En el norte había un incipiente desempleo (entre 1953/62 se perdieron 1,6 millones de empleos de "cuello azul"[1]) por la introducción de maquinas en las fábricas constituyendo, de a poco, una subclase que originaría junto a la gente negra recién llegada del Sur, los disturbios raciales de mediados de los '60.

A mitad de los '50 irrumpió una nueva estrategia empresarial: automatización (fábricas de un solo piso) y desplazamiento a los suburbios (por la necesidad de espacio, para debilitar el poder de los sindicatos y por el aumento de los impuestos en las grandes ciudades); estos cambios generaron mayores tensiones sociales ya que al traslado de los

---

[1] Se denomina "cuello azul" a los trabajadores que se emplean en la industria y "cuello blanco" a los de las oficinas.

trabajadores se sumó la competencia por los empleos entre blancos y negros.

SIN EMBARGO, EL ÉXODO CONTINUÓ Y LAS CIUDADES SE FUERON AMPLIANDO HACIA LOS SUBURBIOS, AUMENTANDO LAS DIFERENCIAS ENTRE BLANCOS QUE SE EMPLEABAN EN TRABAJOS DE "CUELLO BLANCO" Y NEGROS QUE PERDÍAN POSICIONES POR LA MECANIZACIÓN. EL ÚNICO INCREMENTO DE EMPLEO ENTRE LA GENTE NEGRA FUE GRACIAS AL SECTOR PÚBLICO.

La automatización y la creación de una subclase urbana

La automatización provocó una división entre los trabajadores negros: por un lado, aquellos que accedieron al empleo público, educados y un nivel de vida medio; y por el otro lado, una subclase de trabajadores no especializados que sufrió los embates del desempleo tecnológico. Estos últimos, se hacinan en las ciudades, en barrios miserables que empujan a muchos jóvenes a la delincuencia.

EL AUTOR REPITE LAS PALABRAS DE SIDNEY WILLHELM QUIÉN DICE "LOS BLANCOS DOMINANTES YA NO NECESITAN SEGUIR EXPLOTANDO A LA MINORÍA NEGRA: A MEDIDA QUE CRECE LA AUTOMATIZACIÓN, SERÁ CADA VEZ MÁS FÁCIL PRESCINDIR DE ELLOS"

Incluso, para el autor, ha perdido sentido la noción marxista de "ejército de reserva", porque se prescinde de los hombres, y como consecuencia de esto se dividen los trabajadores, enfrentándose entre sí.

Por lo tanto, millones de personas negras son excluidas del proceso de trabajo por calificárseles como innecesarios, quedando atrapados permanentemente en una subclase que propicia la violencia.

CAPÍTULO 6 EL GRAN DEBATE SOBRE LA AUTOMATIZACIÓN

En 1963 un grupo de científicos liderados por Oppenheimer advirtió sobre los peligros de la automatización y por ello proponía abrir un debate nacional. Sus conclusiones eran que la nueva era productiva estaban cambiando las relaciones entre ingresos y trabajo, que cada vez hacía falta menos manos de obra, y por último que los negros eran el sector más perjudicado. El Presidente de EE.UU. Johnson y el Congreso crearon una comisión para investigar estas apreciaciones.

El gobierno se compromete

El informe que emitió esta comisión fue:

- Por un lado, opinaban que la sustitución de mano de obra por máquinas, es decir la automatización, era un fenómeno ineludible del progreso económico, y que tal aspecto sería asimilado plenamente por una economía fuerte.

- Por otro lado, reconocían la existencia de problemas laborales (y sociales) especialmente entre la población negra. Era preciso tomar medidas para no desaprovechar el potencial del progreso técnico.

LA COMISIÓN LLEGÓ A LA CONCLUSIÓN DE QUE ERA NECESARIO ALGÚN PALIATIVO DESDE EL ESTADO, PERO QUE ERA INEVITABLE LA MECANIZACIÓN. LA DISCUSIÓN QUEDÓ PARALIZADA CUANDO EE.UU. ENTRO EN LA GUERRA DE VIETNAM. LOS CIENTÍFICOS PIDIERON QUE LA DISCUSIÓN NO SE PERDIERA POR LA GUERRA.

La capitulación de la clase trabajadora

LAS CENTRALES SINDICALES SE RINDIERON FRENTE A LA AUTOMATIZACIÓN, YA QUE NO QUERÍAN QUE FUESEN VISTOS COMO OPOSITORES FRENTE AL PROGRESO. CON ESTA POSICIÓN LAS CENTRALES

SINDICALES CAMBIABAN SUS DEMANDAS DE NEGOCIACIÓN DESDE LOS TEMAS RELACIONADOS CON EL CONTROL DE LA PRODUCCIÓN Y DE LOS PROCESOS LABORALES A LAS EXIGENCIAS POR UNA MAYOR CAPACITACIÓN. SU CÁLCULO ERA QUE, EXCLUYENDO A LOS NO CUALIFICADOS, HABRÍA UN AUMENTO DE LA CANTIDAD DE TRABAJO EN PUESTOS MÁS TÉCNICOS Y, POR LO TANTO, HARÍA FALTA MÁS CAPACITACIÓN. POR SU PARTE, EL EMPRESARIADO EVALUÓ COMO MÁS BENEFICIOSO LA CAPACITACIÓN QUE ENFRENTAR AL SINDICALISMO POR LA AUTOMATIZACIÓN.

Las centrales sindicales se perjudicaron porque sólo negociaron la necesidad de formación de sus integrantes, en lugar de discutir sobre el acortamiento de las jornadas de trabajo y mayores salarios, derivados de la creciente productividad generada por la automatización.

LAS CENTRALES OBRERAS ACERTARON EN QUE LA AUTOMATIZACIÓN TENDRÍA REPERCUSIONES NEGATIVAS SOBRE LOS NO CALIFICADOS, PERO FALLARON AL PENSAR QUE AUMENTARÍA EL NUMERO DE EMPLEOS CUALIFICADOS

Incluso perdieron efectividad las huelgas. Las nuevas tecnologías permitían un funcionamiento mínimo de las plantas durante las huelgas. Los sindicatos desprestigiados perdieron afiliados.

Un ejemplo de resistencia fue la del sindicato de impresores cuando evito que los periódicos adoptaran un método de composición automatizado ("de metal caliente a metal frío") así como controlaron la incorporación de tecnología en las editoriales; sin embargo al cabo de un tiempo varios periódicos pequeños de New York quebraron porque no podían hacer frente a los costos laborales, perdiéndose varios puestos de trabajo. Se acusó al sindicato por esta negligencia.

PARA EL AUTOR, EN DEFINITIVA TRIUNFARON LAS FUERZAS TECNOLÓGICAS, INICIÁNDOSE LA RETIRADA DE LOS SINDICATOS DE TRABAJADORES DE "CUELLO AZUL"

En la actualidad el panorama no cambió. Las subclases siguen presentes y la automatización se extendió afectando la totalidad de la economía (de todo el mundo).

Según el autor la economía se acerca peligrosamente a una nueva depresión, porque la oferta de trabajo decrece a nivel global. Los políticos han fracasado en su diagnóstico y solución, peligrando el papel de la clase trabajadora en el futuro.

CAPÍTULO 7   EL POSFORDISMO

En 1965, EE.UU. era la nación más poderosa; sus empresas tuvieron un crecimiento sin igual. En los '70, sus beneficios habían disminuido y el mercado de bienes de consumo estaba saturado. En los '80, esta situación se acentuó y además se sumo la crisis del petróleo (la suba del precio de este producto) que incremento los costes de energía disminuyendo los beneficios.

Para revertir esta tendencia a mediados de los '80 las empresas invirtieron grandes recursos en tecnología de la información, que al cabo de un tiempo dio resultados más que satisfactorios. Esta incorporación condujo también a incorporar nuevas estructuras organizativas.

La gestión empresarial pasada de moda

La moderna gestión empresarial nació en la industria del ferrocarril en 1850, cuando se adoptaron estructuras organizativas internas: organización de tareas, jerarquías y de información vital para la empresa.

Esta organización consistía en un organigrama en forma de pirámide, en la cual cada escalón tiene una tarea, y toda la información esencial fluye hacia arriba en la cadena de mando, siendo procesada en cada uno de los diferentes niveles hasta el vértice. En la base están los trabajadores no cualificados o semi-cualificados, en el vértice esta la toma de decisiones que serán transmitidas hacia abajo.

Esta es la forma de capitalismo que la mayor parte del siglo XX domino en Europa y EE.UU. Desde 1980 este esquema que no tenía la flexibilidad necesaria para introducir cambios para ajustarse a las transformaciones en el mercado global quedo desfasado.

LAS NUEVAS FORMAS DE GESTIÓN EMPRESARIAL EMERGIERON EN LA INDUSTRIA JAPONESA, EN ESPECIAL EN LA FABRICACIÓN DE AUTOS

Ejemplos de organización jerárquica con una estructura piramidal y una producción en masa, fueron Ford y las automotrices de Detroit.

El cambio hacia la producción racionalizada

Desde los '50 el sistema de producción en masa se expandió a todos los sectores industriales y tenia mucho éxito. Mientras que en Japón la empresa Toyota, tras la SGM implemento un nuevo proceso de manufactura denominada PRODUCCIÓN RACIONALIZADA. Este proceso se basa en: COMBINAR NUEVAS TÉCNICAS DE GESTIÓN CON UNA MAQUINARIA CADA VEZ MÁS SOFISTICADA PARA PRODUCIR MÁS EMPLEANDO MENORES RECURSOS Y MANO DE OBRA. Este sistema combina la producción artesanal (trabajadores especializados con herramientas manuales) y la industrial (productos diseñados por especialistas que son realizados por trabajadores semi o no cualificados operando con maquinas caras). DEL PRODUCTO DE ESTA COMBINACIÓN SURGEN:

1- EQUIPOS MULTIDISCIPLINARIOS, que consisten en el trabajo en conjunto de ingenieros, programadores y trabajadores, compartiendo ideas y decisiones para mejorar el producto. El sistema japonés esta organizado de forma que se produce, y se asegura un cambio continuado y una permanente mejora. Los mismos operadores realizan las modificaciones y las reparaciones en las maquinas, no como en el sistema americano donde hacen falta los técnicos (el equipamiento americano estaba inoperante durante 50% de tiempo aprovechable, mientras que el japonés durante 15%).

2- TRABAJADORES MULTIESPECIALIZADOS, todos los trabajadores están en condiciones de entender y comprender la totalidad del proceso de fabricación, porque tienen toda la información necesaria a su alcance.

3- NO EXISTEN GRANDES DIFERENCIAS ENTRE LOS TRABAJADORES Y LA JERARQUÍA EMPRESARIAL. También existen los "círculos de calidad", en donde se debate las eventuales mejoras en los procesos de producción.

4- PRODUCCIÓN *JUST IN TIME*, o producción sin grandes almacenamientos, ni sobrantes.

5- SISTEMAS DE INFORMACIÓN MUY SOFISTICADOS en un entorno que parece más un laboratorio que un taller.

Aplicación de la reingeniería al puesto de trabajo

La PRODUCCIÓN RACIONALIZADA es adoptada mundialmente. Con esta y la reingeniería las empresas achatan las pirámides organizativas y transfieren las decisiones a redes y equipos. Las decisiones se toman velozmente y se aceleran los flujos de actividad para ser competitivos.

Las tecnologías basadas en computadoras permiten que la información sea procesada de forma horizontal, no como la tradicional pirámide que solo insume tiempo en tarea administrativas (caso IBM). Las computadoras que agilizan el tiempo son utilizados por las principales empresas: Wal Mart, Saturn, Kodak, etc. La reingeniería esta en su infancia. Cuando se extienda mas traerá una mayor desocupación.

CAPÍTULO 8   NO MÁS GRANJEROS

La mecanización de las granjas comenzó en el siglo pasado y fue revolucionándose con el paso del tiempo: desde el arado de acero y el tractor a la Introducción de nuevas plantaciones, fertilizantes y técnicas de criado de animales.

También se produjo un desplazamiento masivo de trabajadores de las áreas rurales a la ciudad por los adelantos tecnológicos.

Suelo de cultivo y software

Los ordenadores y robots serán en poco tiempo las nuevas adquisiciones que transformaran la moderna granja en una fábrica completamente automatizada. Para los vegetales y la crianza de ganado esta dirigido y controlado por ordenadores activos automáticos.

Granjas moleculares

Utilización de ingeniería genética que cambia el modo de producir plantas y animales, más allá de los límites biológicos tradicionales. Se espera pasar de la explotación agrícola y ganadera basada en la industria química a la basada en la manipulación genética. Se emplea un software que sirve para analizar información genética, por ejemplo utilizar genes humanos en animales.

El final de la agricultura al aire libre

Se espera producir cultivos en espacios cerrados, y generar tejidos celulares en el laboratorio. Esto produciría cultivos más controlados en menores porciones de tierra y con menos productos químicos, pero a la vez generaría más desempleo por la sustitución de la mano de obra y la baja en los costos de la producción.

Como tradicionalmente pasaba no será posible la absorción de trabajadores rurales por parte de los sectores manufactureros y de servicios. La mayor parte de la masa laboral quedara relegada por los trabajadores de "cuello de silicona", que son aquellos que trabajan en la producción racionalizada y el *just in time*.

CAPÍTULO 9 COLGAR EL MONO DE TRABAJO

Desde el inicio de la revolución industrial, las maquinas han sido empleadas para aumentar la producción y reducir la cantidad de mano de obra necesaria para fabricar un producto. En la actualidad las nuevas tecnologías de las comunicaciones y de la información hacen posible la aparición de sistemas de fabricación mas sofisticados.

Automatización del automotor

El posfordismo transformo el sector automotor que desde la época de Ford no se veía transformado, siguiendo el modelo japonés los fabricantes de EE.UU. aplican la reingeniería en las operaciones (General Motors, Ford y también Mercedes Benz). Los robots empiezan a reemplazar mano de obra ya que son inteligentes.

Acero informático

La industria del acero tan relacionada con el auto también sufre cambios, de las grandes fabricas de los países desarrollados a las nuevas industrias que mas se parece a un laboratorio. Estas últimas tienen intensos colores, orden y ordenadores y equipos electrónicos. Las distintas etapas de la producción del acero se han unificado bajo un solo proceso, por ejemplo limpieza y secado. Esto provoca el despido de muchos trabajadores "cuello azul" debido a la creciente automatización.

Los trabajadores de "cuello de silicio"

La industria del caucho, la minería, las refinerías, los textiles, la electrónica y los productos para el hogar están reformando sus sistemas para adoptarlos al *just in time* y la reingeniería. Todas las actividades manufactureras están sustituyendo hombres por máquinas.

CAPÍTULO 10 EL ÚLTIMO TRABAJADOR DEL SECTOR SERVICIOS

Los avances tecnológicos (fibra óptica, conmutación y transmisión digital, automatización, etc) permitirán desplazar mano de obra "cuello blanco" del sector de los servicios.

A su servicio

Desde 1989 a 1993 los incrementos en productividad en sectores como los bancos, seguros, comunicación, aerolíneas y hoteles superaron las expectativas. Los cajeros automáticos son el mejor ejemplo de esta nueva tendencia.

La oficina virtual

Con los nuevos equipos de procesado por la imagen se ahorra en costos de papel. Este nuevo escenario sin papeles pero con ordenadores se compara con la sociedad sin dinero en efectivo. La máquina inteligente escala con rapidez y reduce no solo las tareas rutinarias de los empleados administrativos sino también los trabajos de directivos. Las maquinas portátiles también introducen cambios. Las comunicaciones se revolucionan y permite enlazar a varias personas a la vez.

Reducción del sector mayorista y minorista

Los cambios también han afectado al sector de distribución mayorista y minorista. Con los nuevos equipos los supervisores humanos son reemplazados por robots inteligentes. La automatización desplazo a miles de trabajadores de "cuello azul".

Digitalización de las profesiones, la educación y el arte

El arte, la música y la medicina son otros de los sectores que se ven informatizados y readaptados a los nuevos adelantos tecnológicos.

Los consultores empresariales, los científicos y los ingenieros se apresuran a indicar que las tecnologías de la información, en la actualidad, todavía son primitivas. En el futuro las maquinas informáticas avanzadas de procesamiento, los robots y las redes electrónicas integradas serán algo común en el mundo y dejaran al ser humano realizar menos tareas de fabricación, venta y servicio.

LA ERA DEL ACCESO

CAPÍTULO 7 LA NUEVA CULTURA DEL CAPITALISMO

La cultura del centro comercial

El autor sostiene que durante siglos la PLAZA PÚBLICA fue el lugar donde la población se reunía, compartía experiencias, se involucraba en intercambios culturales, como festivales, desfiles, celebraciones, deportes, etc.

Si bien el comercio también se desarrollaba allí, nunca fue la actividad principal. Lo fundamental pasaba por el CRECIMIENTO Y LA REPRODUCCIÓN DE LA CULTURA.

Rifkin sostiene que, en menos de treinta años, la PLAZA PÚBLICA ha sido devorada por otra concepción de las reuniones públicas. La actividad mercantil fue durante siglos secundaria respecto de las actividades culturales. En el presente esta relación se ha invertido: LAS ACTIVIDADES CULTURALES QUE SE DESARROLLABAN EN LA PLAZA PÚBLICA SE RECLUYEN EN LOS CENTROS COMERCIALES, Y SE VUELVEN UNA MERCANCÍA A LA VENTA.

En los CENTROS COMERCIALES se realizan todo tipo de actividades: comer, ver espectáculos, comprar electrodomésticos, pasar la noche en un hotel, citarse con amigos, etc.

Los CENTROS COMERCIALES crecen con la extensión de las AUTOPISTAS. Surgen originalmente en EE.UU.; hoy se los encuentra en todo el mundo.

El autor señala que los centros comerciales aplican las tecnologías electrónicas más avanzadas para generar un marco artificial: con una arquitectura propia, temperatura controlada, iluminación diseñada y sistemas de vigilancia automática. Todo esto crea un ESPACIO CULTURAL DIFERENTE A LOS DE AFUERA.

Aunque parecen espacios públicos, estos centros son propiedades privadas. La actividad cultural que se desarrolla allí NO ES NUNCA UN FIN EN SÍ MISMO, sino que sirve al fin de la MERCANTILIZACIÓN.

Rifkin compara a los CENTROS COMERCIALES con ESPACIOS TEATRALES, en los que toda la puesta en escena está diseñada para el consumo.

Las consultoras arman perfiles de consumidores correlacionando edad, ingresos y composición con datos de formación cultural y preferencias en el tiempo de ocio. Estos perfiles se adecuan a diferentes tipos de CENTRO COMERCIAL (los más lujosos o los que tienen precios más baratos).

El CENTRO COMERCIAL más grande del mundo es el West Edmonton de Canadá, cuenta con 800 negocios, 11 grandes almacenes, 110 restaurantes, un hotel, una cancha de golf, 20 cines, etc. En su interior hay zonas verdes y reconstrucciones escenográficas de calles parisinas o neoyorquinas. El objetivo era ofrecer toda la cultura del mundo en un gigantesco espacio cubierto.

Para Rifkin este centro comercial canadiense es una síntesis de las transformaciones que se están produciendo en la ECONOMÍA GLOBAL, en el PASAJE DE UN CAPITALISMO INDUSTRIAL A UNO CULTURAL.

Según el autor, los primeros centros comerciales usaban la producción cultural y el entretenimiento como excusas para que se venda, mientras que en los nuevos el entretenimiento y la experiencia son actividad comercial. Los centros comerciales del futuro se llaman DESTINOS DE ENTRETENIMIENTO (juegos virtuales, cines, bares temáticos, etc.).

En lo que Rifkin llama la "ERA DEL ACCESO" los MEGACENTROS COMERCIALES Y LOS DESTINOS DE ENTRETENIMIENTO son el principio de una nueva CULTURA COMERCIAL.

La cuestión del derecho de admisión de estos Centros está siendo discutida. Según la constitución norteamericana, todo ciudadano tiene derecho a reunirse, hacer asambleas y plantear demandas. Se debate si se puede o no ejercer este derecho en los CENTROS COMERCIALES (hubo fallos a favor y en contra). Esto tiene que ver con la cuestión de quién tendrá acceso y quién no a esta NUEVA ECONOMÍA CULTURAL.

De la cultura al entretenimiento

Rifkin sostiene que la cultura es apropiada comercialmente para el entretenimiento personal.

EL AUTOR PLANTEA QUE EL ENTRETENIMIENTO ES LA PRINCIPAL

FUERZA SOCIAL Y ECONÓMICA DE NUESTRO TIEMPO

En EE.UU. las industrias que más crecen son las que están relacionadas con el entretenimiento. Allí se invierte más que en autos, zapatos o ropa.

CAPÍTULO 9 LA EXPLOTACIÓN DEL PAISAJE CULTURAL

Rifkin sostiene que cada vez estamos más inmersos en entornos simulados y cada vez tenemos más experiencias en ambientes artificiales. En los países industrializados sólo el trabajo ocupa más tiempo que el consumo mediático (sobre todo, la TV).

El autor plantea que las COMUNICACIONES ELECTRÓNICAS son ENTORNOS SIMULADOS que recrean lo real (el cine, la radio, el teléfono, la TV).

El cine y la TV producen la sensación de realidad de lo que se percibe. Esto mismo sucede con el CIBERESPACIO, que reemplaza la realidad por la realidad virtual creada por entornos simbólicos electrónicos.

El CIBERESPACIO se abarca cada vez

más y es cada vez más diversificado (es multimedia: incluye sonido, imagen, etc.). El CIBERESPACIO no se da sólo a la contemplación (como el cine) sino que permite que el sujeto participe y se convierta en parte de la representación (por eso se asimila la experiencia en el ciberespacio con la teatral[2]).

Según Rifkin, en el CIBERESPACIO se representarán todo tipo de producciones culturales. El aumento de la cantidad de horas que se pasan en un ENTORNO MEDIÁTICO transforma la experiencia, ya que la propia realidad, la propia vida se vuelve producto mediático.

En el CIBERESPACIO la PRODUCCIÓN CULTURAL reemplaza a la PRODUCCIÓN

---

[2] Cfr. Rifkin, J. LA ERA DEL ACCESO, pág. 227.

INDUSTRIAL.

Comercializar la cultura

La centralidad de la PRODUCCIÓN CULTURAL en el proceso de valorización económica, expande a su vez la importancia del MARKETING, mediante el cual se buscan mercantilizar los bienes culturales.

EL SISTEMA CAPITALISTA UTILIZA EL MARKETING PARA, A PARTIR DE LAS NORMAS Y PRÁCTICAS CULTURALES, PRODUCIR MERCANCÍAS VENDIBLES

Los ingenieros del marketing se sirven

de tecnologías de la comunicación y de la información para otorgar valor cultural a los productos. Rifkin sostiene que el lugar que antes solían cumplir las escuelas o iglesias en la creación y reproducción de identidades culturales lo están cumpliendo los vendedores y especialistas en marketing.

A medida que la "venta de la experiencia" fue desplazando a la venta del producto, el MARKETING fue cambiando su función. A medida que la producción cultural crece, los productos se convierten en soportes de los significados culturales. Se reduce su valor material, y aumenta su importancia simbólica.

Los especialistas del marketing elaboran ficciones que arman con partes de la cultura contemporánea, para venderlas como experiencias de vida. Así, gran parte de los consumidores optan por ir al "reino salvaje " de Disney que ir a una auténtica reserva natural.

El marketing se apropia de todo tipo de fenómeno cultural; así es como se incluyen en campañas publicitarias las reivindicaciones feministas o la defensa de los derechos humanos, buscando asociar los productos a estas cuestiones, para que la compra implique una suerte de compromiso simbólico.

Las empresas invierten grandes sumas en el patrocinio de eventos culturales (copas deportivas, recitales, competiciones, espectáculos, muestras, etc.). Así, NO HAY EVENTO CULTURAL QUE SE SUSTRAIGA A LA PRESENCIA DEL ALGÚN SELLO EMPRESARIAL.

Las empresas se dan cuenta de que las

personas son antes que de productos CONSUMIDORES DE SÍMBOLOS. La publicidad interpreta los SIGNFICADOS CULTURALES y sirve como puente entre la historia de cada individuo y los valores relacionados con los lineamientos históricos de la CULTURA. La PUBLICIDAD le indica a los consumidores cuales son las connotaciones culturales (y los productos a ellas asociadas) más cercanas a sus gustos.

EL CAPITALISMO AVANZADO YA NO IMPLICA SÓLO LA PRODUCCIÓN DE BIENES Y SERVICIOS, SINO FUNDAMENTALMENTE LA GESTACIÓN DE ELABORADAS PRODUCCIONES CULTURALES

Los nuevos vigilantes

Rifkin sostiene que el PODER en la nueva era ciberespacial pertenece a los VIGILANTES que controlan el acceso a las REDES CIBERESPACIALES. Las *PUERTAS DE ACCESO* (que antes evocaban el paso geográfico de una zona a otra) se refieren a las distintas vías de entrada a las REDES. Los *PORTALES* son las instituciones y sujetos que establecen las reglas y normas de admisión.

Las posibilidades de ACCESO sirven para establecer diferencias entre los conectados y los desconectados. Las relaciones de propiedad establecen diferencias entre los que tienen y los que no. En el ACCESO, el límite es entre los que están dentro y los que están fuera.

La INTERNET ha difundido el término *PORTAL*. Millones de usuarios de INTERNET pagan un portal proveedor para asegurarse el acceso a la red electrónica.

Rifkin llama a los servidores y portales "empresas-vigilantes". Las compañías más importantes en materia de entretenimientos y telecomunicaciones acaparan la mayor cantidad de portales y buscadores. Encuentran muchas ventajas en el control de las vías de acceso: publicidad, venta de bienes y servicios en la red, etc.

Las empresas que funcionan como VIGILANTES controlarán y decidirán qué llega y qué no a sus internautas. Los vigilantes (cuya condición fue estudiada mucho antes de la aparición de Internet) funcionan como

MEDIADORES Y ARBITROS de la vida pública, controlan lo que entra y lo que sale a la vida social.

Rifkin sostiene que el pasaje a la ERA DEL ACCESO va a potenciar los estudios académicos sobre la VIGILANCIA. Quienes estudian el periodismo o la TV, investigan cómo entra y sale la información en las redacciones y canales (quiénes deciden y qué desechan).

El autor ejemplifica el rol de los vigilantes refiriéndose al mercado editorial. Los autores necesitan de agentes literarios que, a su vez, lograrán una reseña o una publicación determinando si ese autor puede o no tener ACCESO.

Intermediarios culturales

En la etapa industrial el poder lo tenían los dueños de los medios de producción, es decir, la burguesía. La evolución del capitalismo hacia la PRODUCCIÓN CULTURAL y la MERCANTILIZACIÓN de la experiencia de vida, empieza a darle protagonismo a una nueva clase, los INTERMEDIARIOS CULTURALES, cuyo poder está en el MARKETING, LA DESTREZA EMPRESARIAL, la CREATIVIDAD PUBLICITARIA, ETC.

En los años noventa aparecen los "RASTREADORES DE ESTILO", que son un nuevo tipo de INTERMEDIARIOS CULTURALES. Estos "rastreadores" salen a buscar tendencias en los usos y costumbres para crear productos nuevos que las condensen y se vendan masivamente.

Los INTERMEDIARIOS CULTURALES son atacados por los intelectuales y artistas que defienden la autonomía de la esfera cultural y que se oponen a la imposición de un modelo hegemónico sobre la cultura popular.

Rifkin marca que el poder de los INTERMEDIARIOS se extiende más allá de las fronteras nacionales. Muchos de ellos trabajan para MULTINACIONALES japonesas o norteamericanas, cuyo poder se extiende a TODO EL MUNDO. Esto amenaza a las culturas locales, que pueden ser saqueadas para producir contenidos comerciales.

Un ejemplo de esta colonización cultural: el cine norteamericano copa el 70% del mercado europeo y el 83% del mercado latinoamericano. La programación televisiva también es ampliamente dominada por EE.UU. a nivel mundial.

Esto da lugar al crecimiento de una CULTURA GLOBAL HOMOGENEIZADA. Esto se puede apreciar en la tendencia a la desaparición de lenguas y en la expansión del inglés a escala mundial.

En la etapa INDUSTRIAL la lucha geopolítica era por el dominio colonial o neocolonial, el centro estaba en los derechos de propiedad y en la explotación de recursos naturales y mano de obra.

En la NUEVA ERA la lucha geopolítica se centra en el ACCESO A LA CULTURA GLOBAL Y LOCAL y en el CONTROL DE LOS CANALES DE COMUNICACIÓN QUE TRANSMITEN COMERCIALMENTE LOS CONTENIDOS CULTURALES.